ORENDA

Flavie Gouhier

# ORENDA

© 2023, Flavie Gouhier
Édition : BoD – Books on Demand, info@bod.fr.
Impression : BoD – Books on Demand, In de Tarpen 42,
Norderstedt (Allemagne)
Impression à la demande
ISBN : 978-2-3224-7407-3
Dépôt légal : juin 2023

*« Tout homme bien portant peut se passer de manger pendant deux jours, de poésie, jamais. »*

*« La poésie n'a pas d'autre but qu'elle-même. »*

Baudelaire

*À ma grand-mère qui m'a toujours soutenue dans ma poésie.*

# La poétesse affligée

Il a tellement travaillé
Qu'il en a oublié la beauté
Tellement occupé à atteindre les sommets
Qu'il a fini par se consumer

Il est devenu un zombi
Qui ne connaît plus la vie
Tellement occupé à fréquenter l'oubli
Voilà une éternité qu'il n'a pas souri

Avant il avait tout pour lui
Maintenant il est anéanti
Son imagination a pourri
Laissant son corps meurtri

Il ne voit plus les merveilles
Ne connaît plus le sommeil
Seulement le verre de la bouteille
Qu'il a ouverte la veille

Dans mes songes les plus noirs j'ose imaginer
Ma propre mort
Une goutte qui se verrait couler
Le long de mon corps

Dans mes pensées les plus ternes
J'ose contempler La Croix
Je ne veux plus que l'on me berne
Je ne veux plus être un poids

Elle caresserait ma peau
Plus douce qu'on ne le penserait
Elle me menacerait au couteau
Et je m'abandonnerais à sa lâcheté

Soit mon dernier souffle au nom de sa beauté
Au-delà de l'enfer je succomberais
À l'idée de connaître la paix
Que ce soit dans la douleur ou la félicité

Quelques instants furtifs volés au temps
De douces paroles qu'il serine inlassablement
L'amour qui périt derrière les sourires absents
Et nos larmes qui pleurent tristement

Il n'est plus. A-t-il déjà été ?
Un amour de jeunesse, une joie retrouvée ?
Le destin funeste accouru aux portes de l'enfer
Enfer, et encore tu réitères

L'amnésie totale des corps
La frénésie enragée des remords
Je donne, je donne, il prend
Brise l'ardeur de ce que furent mes sentiments

## Autopsie

Trône sur la table, mon cœur sans vie
Petit organe que l'on eut meurtri
J'eus l'occasion de voir en lui
Lors d'une macabre autopsie
Mon affreux cœur sans vie
Qu'ils ont arraché au paradis
Bouillonnant de rage et de colère
Comme ayant trébuché sur une pierre
On notait des entailles de douleur
Cavité droite, plutôt en profondeur
Témoignant du mal qu'on eut infligé
À l'ange ambassadeur de la paix
Baignant dans une mare de sang froid
Il partagea sa dernière peine sans moi
Mourant au profit de leur sourire machiavélique
Devenant à ce jour une triste relique
Mon petit cœur sans vie
Ci-gît

Carcasse de mes déceptions et désespoirs
Ne reste que l'éternelle insatisfaction
Carcasse de ma honte, de mon ennui profond
De regrets, le ciel semble pleuvoir

Je ne verrai plus que tes qualités en défauts
N'attendrai plus que toi, mon crescendo
Arpente mes rêves lucides
Que tu as tournés en affreux génocide

Ton manège ne m'inspire que dégoût
Le regard que je te portais jadis,
Ne connaît désormais que le chien-loup
Que tu caches sous ton épaisse pelisse

À mes amours, mes anges, ma tristesse infinie,
Que le vide insondable a nourris,
À mes démons de la nuit,
Que ma peur a continuellement nourris,
Je dédie mes mots et tourments.
Savoir que je m'éloigne inexorablement,
Détruit, mon cœur qui sanglote bruyamment,
Enfermé dans un donjon enchanté,
Qui me prive de nuits étoilées,
Dans le but de mieux me contrôler.
Ma douce chimère me pointe du doigt
Lorsque je pense à toi.
Je suis à elle, condamnée,
Errante, ma petite âme saccagée.
Mes lésions profondes qu'on ne sut expliquer,
Mais au diable je les attribuais.
Je me languis de l'interdit,
Pense à tes yeux si jolis.
Je meurs de te revoir au prochain printemps.
Mon destin en décide autrement.
Je suis une fleur condamnée,
Attendant que tu viennes me chercher.

# Anxiété

L'encéphale tourne en rond
Comme un lion en cage
Autrefois aussi solide que le plomb
Le voilà triste et en nage

On exige de lui ci et ça
Tandis que lui voudrait être ici et là
Obéissant tantôt à leurs ordres dictés
Ne souhaite être mené que selon ses volontés

Dès à présent, il s'emploie à la grève
Ne donnera satisfaction à ces briseurs de rêves
Le majestueux veut juste goûter au bonheur
Même s'il doit endurer la douleur

Je vis dans l'ombre de ma plume
Mes larmes s'échapper dans la brume
Mon sourire feignit dans le miroir
Une copie singulière du désespoir

Mon âme errant entre les tombes
Dans la nuit noire mon esprit vagabonde
En un tour de magie j'aperçus les entités
Ici et là accoudées à leur statue pétrifiée

L'air glacial emporta mon corps
Qui traînait telle une carcasse parmi les morts
Les ailes du déchu battant
Au rythme de mes obscurs hurlements

Je ne connais que dans la tragédie
Ce qui de près ou de loin me lie
À l'enfer ou le paradis qui la suit
Tant elle m'époustoufle et m'ébahit

# Pluvia

*I*

Avec l'orage vient le déluge
De virulentes larmes quittent leur refuge
Lorsque son corps s'abandonne
Au mélange de brume et de carbone

En plein cœur de Babylone,
Des esprits que la haine façonne
S'endorment aux sons de la pluie battante
Et des murmures d'âmes errantes

*II*

Sous de fines gouttelettes dorées
Elle fredonne l'hymne d'Orphée, attristée
Son visage mouillé se mêle au mirage
Son cœur lanciné crie de rage

Autrefois son corps abritait une douce symphonie
Il aimait, profitait, riait aux éclats
Était-il capable d'imaginer qu'il se sentirait démuni ?
Que la douleur arriverait, mais qu'elle ne le quitterait pas ?
Autrefois son esprit s'envolait au gré des saisons
Automnes, hivers, printemps, étés
Des nuits sans sommeil, passées à chercher les constellations
Était-il capable d'imaginer qu'il perdrait toute volonté ?
Autrefois son cœur tambourinait d'amour
Et les caresses pareilles à du velours
Était-il capable d'imaginer qu'elles ne seraient que des souvenirs lointains ?
Qu'il ne lui resterait plus que l'amertume et le chagrin ?

# Les songes immoraux

Parfois, mes songes basculent du côté sombre
Insatiables, incontrôlables, ils fouillent les décombres,
Les vestiges de mon âme enfouie outre-tombe,
Attendent que mon corps, lui aussi, succombe.
L'appétit vorace de l'immoralité les conduit
Vers un monde apocalyptique qu'ils envient
Un lieu, où nulle part ailleurs, la peur se prélasse
Domine, terrasse, efface tout autre heureux sentiment
À l'opposé des bonnes grâces
Un lieu, où il arrive que mes chimères rôdent longtemps

Mon spleen est un gouffre séculaire
Il puise dans les restes de mon âme désuète
La chair pour la chair
Il dévore par la peur, me rend muette

Ses grandes mains me couvrent la bouche
Empêchent les sanglots de s'extirper
Aux fondements d'une mortelle souche
Qui décime ma joie dans ses sombres tranchées

Mon spleen est un gouffre avide
Dans lequel je tombe perpétuellement
Jamais je ne me délivre de sa bride
Puéril contre docile, j'endure lentement

Qu'un jour me libèrent les grâces du ciel,
Que j'ai tellement suppliées de m'aider
Qu'on brise mon for intérieur mis sous tutelle
Si tant est que j'inspire leur humble pitié

Le vent caresse son visage
Sur lequel les larmes fuient
Ses yeux reflètent le triste paysage
Où la mort s'épanouit

Son regard glacial perce l'horizon
Le toise, hurle et pleure à foison
Fantômes de ses humeurs
Dansent sur la mélodie de la douleur

Les esprits convergent
Là où l'amour se noie
Un jour accepterai-je
De vivre sans toi

La voir pleurer écorche mon cœur
Songeant à cette terrible douceur
Mon âme s'envole au coin de la rue
Laissant mon corps aux déchus

# La poétesse insomniaque

## Solitude

Je l'ai vue en rêve cette nuit
Solitude telle qu'elle fut à minuit
Frôlait mes songes
Et se collait à moi telle une éponge
J'en fis mon amie
Me réconfortant dans son emprise
Je m'isolais sans bruit
Complètement éprise
Elle me voulait tout à elle
Si envoûtante et si belle
Je me perdais dans son ombre
Idolâtrant son côté sombre
Je me laissais aller à sa langueur
Espérant oublier la douleur
Elle s'imprégnait de moi
Telle que je la vois parfois
Ma confidente sans voix
Ma chimère toutefois
M'accompagne dans l'abandon
Je me tapis dans ce mutisme plus profond
Solitude me colle à la peau
Solitude me tient chaud.

## Nyctophilia

Nuit ma belle étoilée,
Viens m'enlacer dans les méandres de la soirée !
Je chéris tes péchés abhorrés
D'illusions, de larmes, de désirs refoulés.

L'alchimie des songes réprimés,
Là où nos esprits se sont aimés.
Je n'apprécie guère ton hostilité !
Adore tes ténèbres cachées

Du bout des doigts je tâte ton immensité.
Qu'y a-t-il au-delà de la Voie lactée ?
Amoureuse de la nuit, noirceur étourdie
M'emporte à l'insomnie lorsque tonne minuit.

Belle et douce insomnie
Ennemie du jour
Amie de la nuit
À laquelle je dévoue mon amour
Capture mes rêves et me tourmente
Bienvenue chez le diable et son antre
Ses griffes laissent des traces
Exquise douleur des ténèbres
Mon esprit s'efface
Longue et éprouvante marche funèbre
Lucifer se tient devant moi
Ô mon souverain, ô mon roi !
Prive-moi de sommeil
Prive-moi des rêves et de leurs merveilles
Nuit de torture
Nuit d'aventure
Insomnie coule dans mes veines
Aspire ma joie et décuple mes peines

## Vampiresse

Sang et larmes demeurent sur l'oreiller
Du creux de ma paume jusqu'à mes poignets
Mon âme pleure aux grands regrets,
La liesse qui m'eut jadis tant comblée.

La divine ombre croisa mon regard,
Tandis que je sanglotais dans le noir
Mes amours et désespoirs,
Renferment la beauté dans leur miroir

Ne ressentant que de lourdes peines
Au bord du gouffre, j'attends qu'elle vienne
Mon humble cœur saigne
Souffre et crie à perdre haleine

J'éprouve cette douleur amère
Qui me traîne aux enfers
Tantôt me cloue à terre
Me dictant de subir et me taire

Allongée, pendue à ses lèvres divines
J'attends qu'il m'emporte dans ses racines
Que je divague au gré de ses canines
Que je ne vive plus que sous morphine

## Somnolence

Le sommeil est une fleur éclose

Un symptôme auquel ma conscience s'oppose.

Son pollen se diffuse,

En mon intérieur, la camomille infuse.

Pourtant je renonce à m'y abandonner

L'adrénaline fuse, la mélatonine fuit

L'insomnie m'aime, me nuit

Au sommeil, je ne puis succomber.

Il est une fleur fanée,

De celles dont j'ai du mal à me détourner

Leur parfum m'attire irrésistiblement

Me noie dans la folie des tourments

## À Morphée

Muse vénale, je te déclare cette nuit
Maître de mes terribles insomnies
Ton visage traître me pousse à l'ennui
À chercher un idéal qui me fuit

Ne peux-tu pas entendre ma détresse ?
Les cris, que contre toi je dresse
Ton ego de dieu attise ma colère
Que je garde fermée dans mon sanctuaire

Briseur de rêves dociles,
Au royaume de l'enfer, tu m'exiles
Ton absence me retient éveillée
À faire les cent pas sans ne jamais succomber

Cachée par les tristes sanglots de la lune rousse
L'âme en peine murmure au ciel éteint
L'immensité noire, soumise aux secousses,
A balayé nos ébauches de rêves enfantins

Sourires égorgés par l'infâme diable
L'amour n'est plus cause désirable
Les corps lactés se voûtent d'angoisse
Face au chaos, à l'orage qui menace

# La poétesse amoureuse

Sa douceur frôle mon échine
Perdue le long de ses courbes fines
Ambivalence tiraille mes songes
C'est dans la félicité qu'elle me plonge
Où mon cœur repose en paix
Dans l'ombre de mes regrets
Je lui donnerai le monde, la vie
Ce qui me fait vibrer, m'écorche ainsi
Si belle, dangereuse, désastreuse, aimante
Me fait mal et me hante
Une muse au cœur de pierre est allongée
Attendant que je peigne ses plaies
L'acrylique glisse sur la toile
Qui se parsème d'étoiles
Mon monde se résume à ses beaux yeux
Dans lesquels s'étend l'océan bleu
Beauté tourmente mon être docile et charmé
Rend mon art comblé

## **Les roses sont rouges**

Jadis naquit un sombre pétale
D'un rouge en apparence banale
Au toucher, d'une douceur incomparable
La rose rouge est un désir inavouable

Qu'on ose cueillir sa tendresse
Provoque en notre for intérieur une liesse
Son ombre envoûte les plus amers
Pour au final mieux les distraire

Roses attirent l'attention des amants
Troublent les cœurs béants
Meurent au terme du printemps

Lorsque les pots sont cassés
Les splendides roses rouges de son bien-aimé
Écorchent la mémoire des plaisirs partagés

Tandis que nos travers semblaient nous ravager
Goûtant aux plaisirs de la vie, de ses péchés
Le diable à notre porte vint frapper
Offrant le paradis à nos pieds
Nous, êtres damnés
Ne sûmes comment le remercier pour sa bonté

Le bonheur au creux de ses mains
Fleurs du mal errantes
Nous ne pûmes refuser devant son sourire divin
Qui depuis nous régale et nous hante
Son invitation aux noces funèbres
De notre bourreau des ténèbres

Parée d'épines de ronces, enflammée
Ton hostilité affirme le prix du péché
À la nuit, nos regards s'embrasent
Et mon cœur sort de sa stase

Chaque parcelle de mon âme revit
Se gorge d'euphorie, de plaisir, d'envie

Je m'accroche à tes prunelles
D'azur, ô ! Qu'elles sont délicieusement belles

J'arpente chaque recoin de ton esprit
Aimante, pourtant je te fuis

L'ardente atmosphère en notre bulle éphémère
Au crépuscule, ne reste que ton effluve amer

## Si la vie

Si la vie était une rose
Elle serait pleine de prose
Si la vie était une couleur
Elle serait ouverte au cœur
Si la vie était une chanson
Elle serait pleine d'émotions
Si la vie était une poésie
Elle serait sans doute une utopie
Si la vie était une étoile
Elle brillerait dans le noir
Si la vie était une image
Elle serait pleine de courage
Si la vie était une étincelle
Elle volerait comme une tourterelle
Si la vie possédait une vie
Elle serait sans doute infinie
Si la vie était comme l'amour
Elle ferait de nombreux détours
Si la vie était une création
Elle serait d'exception
Si la vie était le cœur
Elle serait d'une grande valeur

## À un bel inconnu

Je décris car j'ai peur d'oublier.
Le nimbe de lumière vacillante
Alors que nos pupilles aux aguets
Se croisent, se scrutent étroitement
Ma peau s'éveille, mon sang me brûle
Mes jambes hésitantes, flageolent tel un funambule.
Au grand jamais de ma vie je ne vis
Plus belle créature que le monde ait donnée,
Plus belle douceur qu'Aphrodite eut créée,
Plus pure étincelle qui dans nos yeux, naquit.
La peur, l'angoisse soudain s'évanouissent
Il est ainsi, si Dieu décide que tout finisse
J'espère demeurer dans tes bras réconfortants.
Ton être pour qui je tombe éperdument,
Un visage angélique auquel je pense souvent.
La fragilité de ton regard innocent
Au soleil levant, me rend si nostalgique
Ou devrais-je dire pathétique,
D'attendre un amour emporté par l'incandescence
Qui même de mes rêves, feigne l'absence.

Son déhanché osé
Pose sur des chrysanthèmes fanés
Ici et là, rongés par la maladie
Muse à la peau nacrée leur rend vie
Nue sur la toile
Elle en épouse chaque recoin
Rend folles de jalousie nos étoiles
Nous prenant ainsi pour témoins
Lorsque mes yeux se heurtent à sa beauté
La magie opère en allumant le brasier
Naissant dans l'étourdissement de mon cœur
Un infini bonheur
Long drap de soie caresse ses courbes
Rend les plus envieux fourbes
Majestueuse, tel un ange venu du ciel
Ô combien sa candeur mortelle
Fera de moi la plus chanceuse des carcasses
D'avoir croisé son regard dans la glace.

Hortensia, mon amour

À la splendeur que dévoile le lever du jour
Je vole à toi tel un vautour
Je m'enivre de ton doux parfum
Lorsque mes mains baladent ta chevelure sans fin

Hortensia, mon amour
Mon corps appelle le tien, toujours
Ne demeure que mon souhait de ta présence
À la lueur nos âmes se tuent à la danse

Ton humble cœur offre bonheur au mien
Qu'ainsi je te retrouve de bon matin
Courant vers ta mine enjouée
Me guidant à tes lèvres aux saveurs sucrées

Hortensia, mon amour

## La Seine

Au bord de la Seine, elle répand ses larmes
Torturée par le plus monstrueux des drames
Les yeux écarquillés, je m'approche de la belle
Lui tapote l'épaule et lui dis d'un naturel :

« Sirène d'eaux troubles, t'es-tu perdue ?
— La vie est atroce, souffle-t-elle émue. »

Je la serre dans mes bras épais
Le cœur au bord des lèvres, inquiet
J'attise la colère des dieux éphémères
Ces entités jalouses et grossières

Nonobstant de mon vouloir, Sirène
Rejoint quelques silènes près d'Athènes
La belle y prostitue mon âme défaite
Sur le quai de la Seine, ma chair demeure désuète

# La poétesse artiste

## Sonnet d'automne

L'air imprégné d'anémones
Les cygnes chantent un sonnet d'automne
À mon intérieur spirituel égaré
Je ne vois en mon palais mental, nulle gaîté

La couleur de mes sentiments
Jaune, vert, marron d'antan
Un amour perdu de raison
S'achèvent les bluettes de saison

Avec l'aigreur viennent la brume et la mélancolie
L'équinoxe d'automne accompli
J'accueille l'hiver, bercée par Vivaldi

## Ode à la poésie

Des étincelles jaillissent de mon pinceau
Prennent la pose sur la toile de mon tableau
Un portrait se dessine, une femme à la peau irisée
Enveloppée dans un halo de lumière dorée
Ses douces lèvres semblent réciter un poème
Au temps où la poésie, art bohème,
S'oublie, périt au terme d'un vers.
Mais elle n'a que faire
De leur ignorance, elle chérit la paresse des mots
Ceux qui osent, qui revalorisent la prose,
Ces mots comme des catalyseurs de révolution
s'imposent.
De leur courage, il nous faut.
Sa bouche d'un air empli de mélancolie
Conte aux quelques êtres endoloris
Qu'il n'y a nul besoin d'être érudit
Pour que quiconque trouve en la poésie un abri

Si belle pourtant si fragile
L'unique rose se meurt entre ses mains
Sublime ses courbes d'argile
Dans le reflet de son corps peint

À quoi riment ses proses imaginées ?
La prophétie témoigne nul amour destiné
Un cœur à séduire
Une âme à secourir

Ses pleurs se perdent dans les pages des livres
Encore et encore, jusqu'à l'usure
Elle le décrit dans ses poèmes, ivre
Tant gâtée qu'on n'en voit plus la reliure

## Le Portrait

Le portrait de son visage s'abîme, s'effrite,
Au fil des mois, il pâlit, pourrit
Autrefois sublimé à l'acrylique
Sa toile, dans l'obscurité s'oublie
Le meilleur peintre de l'époque eut raison
Sa valeur déclinerait, au fil des saisons.
Lorsque l'hiver rude l'eut brisée
Jusqu'au sein de ses moindres traits.
Où l'harmonie s'est-elle envolée ?
Probablement dans les songes hébétés
De la femme au portrait,
Ou tout du moins ce qu'il en restait

Il n'est plus rien de la grâce du soleil
Plus rien des couchers vermeil
Lorsqu'en hiver les cœurs s'éteignent,
Au détour, les sentiments feignent
Sur les joues frêles
Les larmes gèlent
Dans les chaumières l'amour fond,
Les muscles engourdis de mouron
Se terrent dans le gouffre béant de l'oubli
La pluie tempête par-dessus nos esprits aigris.
De verglas, de brèches enneigées,
De laideur nos mains écorchées,
Subissent l'ennui des matins moroses
Inspirent quelques vers en prose.

## Coquelicots

Profitant ici et là de ma jeunesse,
Allongée au milieu des coquelicots,
Je me voue à l'art de la paresse
Me laissant divaguer au gré du beau.

Le rouge éclatant de ces fleurs
Me fait oublier ce que furent de terribles pleurs.
Je m'enivre de leur parfum entêtant,
Mes cheveux valsent avec le vent

À bas mes vieux souvenirs et tourments !
Je ne vois que les sublimes pétales
Qui me rappellent toujours, inlassablement
Mon triste, mon cher et dévoué amour fatal.

## Valses de Vienne

Lors des valses de Vienne, un orchestre prestigieux
Des femmes tourbillonnent et dansent
Des hommes adulés, des sourires heureux
Se mélangent au parfum enivrant de la bienséance

Où la bourgeoisie, de candeur, vit
Strauss joue ses plus belles notes
Sous les lustres de diamants, nul n'oublie
Ils content, rient à quelques anecdotes

Moments d'envoûtement à la liesse
Amants et couples fêtent leur richesse
Ce dont un pauvre ne pourrait rêver que dans la paresse

Couverture réalisée par Madison Saussereau

Pour me suivre sur Instagram : @flavuera

# À propos de Orenda

Une poésie qui explore les sentiments qui nous affligent, la passion qui nous anime, la tristesse qui parfois nous déchire.

Un·e poète poétesse est aussi à mes yeux un·e artiste, qui tire son inspiration de mille façons. Il existe des tas de poésies différentes, les formes sont plurielles et infinies.

La nature, l'art, la beauté qui se cache où même nous n'oserions la chercher, sont pour moi, l'essence même de ma poésie.

Aujourd'hui, cette poésie est également vôtre.